# Aide-mémoire juridique du dirigeant associatif

# AIDE-MÉMOIRE JURIDIQUE DU DIRIGEANT ASSOCIATIF

Maitriser le fonctionnement juridique de son association
(Edition 2016-2017)

Laurent SAMUEL

*Les Editions Associatives*
*Massy*

# TABLE DES MATIÈRES

Présentation                                           1

1.  Les formalités                                     3
2.  Le fonctionnement institutionnel                  10
3.  Les finances                                      21
4.  La fiscalité                                      32
5.  Les ressources humaines                           43
6.  Les subventions                                   50
7.  L'informatique et internet                        56
8.  Les risques opérationnels                         62
9.  Mettre fin à l'association                        68

Glossaire                                             75

Fiche de poste des dirigeants associatifs            82

Modèles de résolutions (assemblée générale)          86

# PRÉSENTATION

Pour un dirigeant associatif nouvellement élu, la première préoccupation consiste à savoir ce qui est attendu de lui et comment remplir correctement ses fonctions, sans prendre de risques inconsidérés.

Il a donc paru utile d'éditer ce petit recueil des devoirs et obligations des dirigeants bénévoles, dans le but de les aider à gérer en « bon père de famille » les affaires de leur association et de préserver ainsi leur responsabilité.

A propos des grands domaines de compétence des dirigeants, nous avons décliné les règles juridiques, les bonnes pratiques et les usages en vigueur dans le monde associatif. Le contexte de chaque association étant différent, il appartient aux dirigeants de connaître les textes et règlements qui s'appliquent aux activités déployées par leur association. Mais il faut commencer par les principes généraux du droit et la loi de 1901 qui s'appliquent à toutes les structures à but non lucratif. De nombreux principes de fonctionnement des associations ont également été énoncés par la jurisprudence, depuis plus d'un siècle.

Si l'orientation de ce « bréviaire » est résolument juridique (et pour cause !), il n'en est pas pour autant destiné à des juristes. Nous avons voulu conserver un langage clair et accessible, notamment en supprimant les références aux sources juridiques qui ne présentent pas d'intérêt dans notre optique didactique et préventive.

Le droit n'a jamais été aussi présent dans la vie des dirigeants associatifs. La méconnaissance des règles applicables au fonctionnement et aux activités déployées par l'organisme est une source notable d'insécurité pour toutes les parties prenantes de l'association. Elle est susceptible d'engager la responsabilité personnelle des dirigeants fautifs, voire de mettre en danger la pérennité de l'association.

En sécurisant le fonctionnement de l'association, les dirigeants se prémunissent contre les risques de dysfonctionnement, de conflits, d'accidents. Pour ce faire, les précautions à prendre relèvent le plus souvent du simple bon sens ; ces précautions permettront de garantir la tranquillité d'esprit des dirigeants.

Nous souhaitons donc longue vie et bonne route à votre projet associatif.

Laurent SAMUEL

# 1

# LES
# FORMALITÉS

La loi de 1901 est très libérale et impose finalement assez peu d'obligations aux responsables associatifs. A côte de ces quelques obligations légales, les dirigeants se plieront également à des formalités facultatives qui ont pour but d'assurer autant leur propre sécurité juridique que celle de leur association.

Trois sortes de formalités doivent être envisagées : les déclarations en préfecture, les publications au Journal Officiel et la tenue des registres associatifs.

## Les déclarations en préfecture

Ces formalités sont obligatoires pour toutes les associations déclarées, celles dont la création a fait l'objet d'un enregistrement par l'administration. Elles sont effectuées selon les cas auprès de la Préfecture, de la sous-préfecture (greffe des associations) ou de la Direction Départementale de la Cohésion Sociale (DDCS) dont dépend le siège de l'association.

Doivent faire l'objet d'une déclaration les événements suivants :

• Création (CERFA 13973)
• Dissolution de l'association (CERFA 13972)
• Toute modification des statuts (CERFA 13972)
• Tout changement dans l'équipe dirigeante (CERFA 13971)
• L'acquisition ou la vente d'un immeuble (CERFA 13970)
• Toute modification dans la liste des membres des unions et fédérations (CERFA 13969)

On peut se déplacer pour faire la formalité au guichet du service des associations, mais l'administration met désormais à la disposition des dirigeants des formulaires pré-imprimés qui simplifient la tâche (et évitent les oublis). Une fois rempli, le formulaire accompagné des pièces justificatives peut être envoyé par la Poste. Par ailleurs, il est possible d'effectuer la déclaration par internet en créant préalablement un compte sur le portail en ligne www.service-public.fr/associations (rubrique « association »).

L'ouverture ou la fermeture d'un établissement (une antenne ayant un siège distinct de celui de l'association) se déclare directement auprès de la Direction Régionale de l'INSEE, en vue de la mise à jour du répertoire SIRENE.

A noter que l'utilisation des formulaires CERFA n'a pas de caractère obligatoire : la déclaration comportant les informations requises peut également être faite sur papier libre.

Par ailleurs, ces différentes déclarations doivent être appuyées sur des pièces justificatives qui seront conservées par la Préfecture. Il s'agit la plupart du temps du procès-verbal de l'assemblée ou du Conseil d'administration auteur de la décision. Ce procès-verbal doit être signé des dirigeants et certifié conforme par eux. En cas de modification statutaire, les nouveaux statuts doivent être joints.

Pour chaque formalité effectuée, la Préfecture envoie ou remet un récépissé attestant que l'association a bien effectué la déclaration.

Ces formalités sont essentielles pour la sécurité juridique de votre association, car elles rendent les différentes décisions de l'association opposables aux personnes extérieures. Un fournisseur de l'association ou un dispensateur de subvention serait par exemple fondé à refuser de traiter avec un président dont la nomination n'a pas été déclarée à l'administration.

## Les publications au Journal Officiel

En plus de ces formalités déclaratives, la création de l'association doit faire l'objet d'une publication au Journal Officiel (édition Associations). La transmission au J.O. est prise en charge par la Préfecture et ne nécessite de la part des dirigeants aucune démarche particulière.

Il faut cependant acquitter les frais de publication (44 euros).

Doivent faire l'objet d'une publication au J.O. les événements suivants (tarifs 2016) :

• Création de l'association (44 euros ou 90 € si l'objet dépasse 1000 caractères)
• Dissolution de l'association (gratuit)

Une fois l'annonce parue, les services du J.O. adresseront au siège un exemplaire de la parution ainsi que la facture qui doit être acquittée à ce moment.

A propos de la publication relative à la création, il faut savoir que c'est cette formalité -et elle seule- qui conditionne l'acquisition de la personnalité juridique par l'association. Votre banquier est donc fondé à retarder l'ouverture du compte bancaire de l'association jusqu'au moment où vous pourrez lui produire l'annonce parue au J.O.

Peuvent faire également l'objet d'une publication au J.O. (mais à titre facultatif) une modification de l'objet, de la dénomination ou du siège de l'association (31 euros).

## La tenue des registres

Les registres constituent la mémoire de l'association et doivent pour cette raison être tenus et conservés avec soin. Le registre spécial n'est plus obligatoire aux termes de la loi de 1901, depuis une réforme de juillet 2015. Mais certains statuts font aux dirigeants l'obligation de tenir ce registre ; dans ce cas, il faudra se confirmer aux mentions statutaires ou faire les faire modifier pour supprimer l'obligation faite aux dirigeants.

Sous l'ancienne version l'article 5 de la loi de 1901, le registre spécial devait être tenu « à la main », sur un cahier dont les pages sont reliées de manière définitive et indissociable. Un cahier d'écolier fait l'affaire mais il ne peut s'agir d'un classeur dans lequel on range des feuilles volantes. En outre, chaque page doit être numérotée dans la continuité et paraphée (il suffit d'apposer ses initiales), de manière à le rendre infalsifiable.

Sur la première page du registre, on inscrit la dénomination, l'objet et le siège de l'association ainsi que la liste de ses premiers dirigeants et la date du récépissé de création. Ensuite, lors de chaque formalité effectuée en Préfecture (voir ci-dessus), on inscrit une courte mention indiquant la nature de l'événement (modification statutaire, changement de dirigeant, etc), l'organe délibérant (par exemple, l'Assemblée Générale ou le conseil d'administration) et un bref descriptif de l'événement. On termine la mention en reportant la date du récépissé délivré par la Préfecture. Ces mentions doivent être inscrites à la suite les unes des autres, sans blanc, ni ratures.

Bien qu'il ne soit pas obligatoire (certains statuts mettent toutefois cette obligation à la charge des dirigeants), nous conseillons fortement de tenir un autre registre, dit « registre des délibérations », qui conservera la trace des assemblées générales. Les associations qui sont en relation avec les pouvoirs publics et disposent d'une équipe salariée auront tout intérêt à tenir également un registre des délibérations du Conseil d'administration, si cet organe est prévu par leurs statuts.

Aucune forme particulière n'est prescrite pour le tenue de ces registres de délibérations. Un simple classeur à anneaux peut faire l'affaire, dans lequel on rangera à la suite les procès-verbaux (voir chapitre 2) des réunions des instances dirigeantes. On peut également coller des feuilles volantes dans un cahier d'écolier.

## Les agréments administratifs

L'agrément administratif est une formalité facultative qui permet à l'association de bénéficier d'une sorte de label décerné par l'administration. Il existe une cinquantaine d'agréments propres à chaque secteur d'activité (sport, jeunesse et éducation populaire, services à la personne, etc) qui sont instruits par les services de l'Etat sur la base d'un dossier à constituer par l'association.

Les exigences à remplir sont variables suivant les agréments. Elles portent le plus souvent sur les dispositions statutaires, l'organisation institutionnelle et les modalités d'exercice des activités associatives. Selon les cas, l'obtention de l'agrément procure à l'association différents avantages, notamment en termes d'accès aux subventions. L'agrément peut être mentionné sur les supports de communication de l'association.

Quel que soit l'agrément sollicité, l'association devra justifier que son objet est d'intérêt général (elle ne fonctionne pas au profit d'un groupe restreint de personnes), son fonctionnement démocratique et qu'elle fonctionne de manière transparente sur le plan financier.

# 2

# LE
# FONCTIONNEMENT
# INSTITUTIONNEL

Si vous avez eu la curiosité de consulter la loi de 1901, vous vous êtes certainement étonné qu'elle ne contienne aucune disposition sur la manière dont les associations doivent s'organiser et fonctionner en interne. C'est volontaire : les rédacteurs de la loi ont voulu laisser aux fondateurs d'associations la possibilité de s'organiser comme ils l'entendent.

Cela ne signifie aucunement que les dirigeants associatifs

ont « carte blanche » pour faire fonctionner la structure à leur guise. L'association a bien une loi qui régit son fonctionnement interne, ce sont ses statuts qui, conformément à l'adage juridique, sont « la loi des parties ». Cette loi privée s'applique à tous les membres de l'association, à commencer par les dirigeants.

Pour cette raison, la première précaution à prendre pour des dirigeants nouvellement élus est de lire soigneusement les statuts de leur association. Trois aspects du fonctionnement doivent faire l'objet d'une attention particulière : le processus d'adhésion et les relations avec les membres, l'organisation des assemblées générales et le fonctionnement des instances dirigeantes.

## L'adhésion et les relations avec les membres

Ces questions sont source de conflits de plus en plus nombreux entre les associations et leurs adhérents. Pour cette raison notamment, la gestion des « entrées et des sorties » dans votre association doit être des plus rigoureuses.

En ce qui concerne l'adhésion des membres, les statuts de l'association peuvent prévoir certaines conditions à remplir par les adhérents (âge, versement d'une cotisation, signature d'une charte,…). Les dirigeants doivent dans ce cas respecter scrupuleusement ces conditions, afin d'éviter de créer des précédents. Des candidats ne remplissant pas les conditions statutaires pourraient tirer argument de ces entorses faites aux statuts et se prévaloir devant le juge d'un usage de l'association (Un usage est une habitude qui se poursuit depuis suffisamment longtemps pour venir modifier le droit ou le créer).

Par ailleurs, même si les statuts sont muets à ce sujet, une association garde toujours la faculté de refuser une adhésion, sans avoir à justifier sa décision. Ce refus ne doit toutefois pas être abusif aux termes de la jurisprudence, c'est-à-dire entouré de circonstances portant préjudice à la personne (publicité donnée au refus, justification du refus par des motifs erronés). Pour cette raison, l'association refusant une candidature se gardera bien d'en expliquer les raisons, sauf évidemment si les statuts imposent que ce refus soit motivé.

> Attention : certains statuts associatifs prévoient que « l'adhésion est libre et ouverte à tous ». Dans ce cas, il nous paraît plus difficile de refuser une candidature, sans avancer de motif légitime.

En ce qui concerne la participation aux activités de l'association, celle-ci peut être réservée par les statuts aux adhérents. Là encore, il faut être rigoureux car les conséquences d'une négligence peuvent être lourdes, aussi bien sur le plan fiscal (perte du bénéfice du régime de l'association « fermée ») qu'en termes d'assurance (au cas où l'assurance de Responsabilité Civile de l'association ne couvre que les adhérents).

L'exclusion ou le refus de renouvellement de l'adhésion sont toujours délicats. En effet, on voit depuis quelques années se multiplier les contentieux à ce sujet, les adhérents écartés n'hésitant plus à porter leur conflit avec l'association devant les tribunaux.

La situation la plus confortable pour les dirigeants est certainement celle où les statuts (éventuellement le règlement intérieur) prévoient de manière plus ou moins détaillée une procédure disciplinaire, avec une liste de motifs d'exclusion et les formalités à respecter par l'association pour se séparer de l'un de ses membres. Dans ce cas, il suffit de respecter à la lettre la procédure et de se ménager toutes les preuves nécessaires (procédure écrite, courriers en recommandé avec AR).

---

Attention à respecter les droits fondamentaux de la défense (voir ci-dessous) qui peuvent être vérifiés par les tribunaux, même en présence d'une procédure précise prévue par les statuts.

---

Dans le silence des statuts, il faudra prendre encore plus de précautions, car en cas de recours aux tribunaux, la situation sera appréciée par le juge qui vérifiera que les droits de la personne exclue ont bien été respectés.

Avant de prononcer la sanction ultime, à savoir l'exclusion de l'adhérent, les dirigeants devront donc s'assurer notamment que les conditions suivantes ont bien été remplies :
• La sanction est proportionnée aux manquements ou fautes commis par l'adhérent
• L'adhérent a été informé de la procédure à son encontre et des griefs qui lui sont faits
• Il a été permis à l'adhérent d'être assisté d'une personne

de son choix

- L'adhérent a bénéficié d'un délai suffisant pour préparer sa défense
- La procédure disciplinaire a respecté le principe d'un échange contradictoire au cours duquel l'adhérent a pu faire valoir son point de vue

## La tenue des assemblées générales (AG)

La plupart des statuts, y compris les plus dépouillés, donnent des indications sur la tenue de l'AG. Organe souverain de l'association, cette assemblée réunit la communauté des adhérents pour exercer ses prérogatives fondamentales, à savoir la définition des grandes lignes du projet associatif, l'élection et le contrôle de l'équipe dirigeante.

Le respect des dispositions statutaires relatives aux assemblées générales est fondamental, car il conditionne la validité des décisions prises par l'assemblée. Des contestataires auraient beau jeu de demander au tribunal d'annuler les décisions prises, s'ils pouvaient prouver que l'assemblée ne s'est pas tenue conformément aux exigences des statuts.

Si les statuts sont muets à ce sujet, il faudra néanmoins respecter quelques précautions de bon sens garantissant une certaine transparence et un minimum de démocratie (bien que la loi de 1901 n'impose nullement aux associations de fonctionner de manière démocratique et républicaine).

Ces précautions concernent notamment la convocation des adhérents à l'assemblée, le décompte des présents et des votes et l'établissement d'un procès-verbal.

## CONVOCATION

A défaut de précisions dans les statuts, la convocation des adhérents peut être faite par tout moyen adapté. Ainsi la remise « en main propre » de la convocation, un courrier simple ou même un courriel sont envisageables du moment que l'on peut prouver que l'ensemble des membres a été touché par la convocation. Par contre l'affichage communal ou la parution de la convocation dans un journal d'annonces légales sont peu probantes car on peut facilement imaginer que tous les membres ne résident pas sur le territoire de la commune ou qu'ils ne lisent pas le journal d'annonce.

## DELAI

En ce qui concerne le délai entre l'envoi de la convocation et la date de tenue de l'AG, un délai « suffisant et raisonnable » sera demandé par le juge en l'absence de précisions statutaires. Ce délai doit être en proportion de la taille de l'association et de sa situation. Il a été jugé qu'un délai d'un mois était suffisant ; en revanche, un délai de trois jours a été jugé trop court.

## ORDRE DU JOUR

La convocation comporte évidemment la date, l'heure et le lieu de l'AG, mais également son ordre du jour. Les adhérents doivent être informés des questions qui seront traitées et pouvoir décider en toute connaissance de cause si l'ordre du jour de l'assemblée justifie leur présence.

L'ordre du jour peut être une simple liste des résolutions à voter.

L'usage consistant à terminer l'ordre du jour par un point intitulé « Questions diverses » est à manier avec prudence. Ces questions diverses peuvent être consacrées à des débats ou des informations, mais ne doivent déboucher sur aucune décision, ni vote, sous peine de voir ces résolutions annulées par le juge.

## FEUILLE D'EMARGEMENT

Au moment de l'assemblée, il est important de tenir une liste d'émargement sous la forme d'un tableau où les présents indiquent leurs noms et prénom et signent (émargement). Les titulaires de procuration indiqueront également le nombre de pouvoirs dont ils sont porteurs ; ces pouvoirs seront annexés à la liste d'émargement et conservés avec elle.

La liste permet d'établir avec certitude le nombre de présents (éventuellement augmenté des personnes ayant donné pouvoir) qui servira au décompte de la majorité dans le vote des résolutions. Lorsque les statuts prévoient un quorum (nombre minimum de présents à l'assemblée pour qu'elle soit en mesure de délibérer), c'est encore la liste d'émargement qui permet de prouver que le quorum a bien été atteint.

## PROCURATIONS

A défaut de précision dans les statuts, la procuration est de droit, conformément au principe juridique qu'il est toujours possible de se faire représenter dans les actes de la vie civile. Le nombre de procurations détenues par une personne n'est pas non plus limité. En revanche, le vote par correspondance (l'adhérent renvoyant une feuille sur laquelle il indique son vote pour chacune des résolutions) doit être prévu par les statuts ou autorisé par un usage ancien et constant en vigueur dans l'association.

## VOTE

Dans le silence des statuts, toutes les décisions de l'assemblée sont prises à la majorité simple, c'est-à-dire la moitié des votes exprimés, plus une voix. Le président et les autres membres du bureau disposent d'une seule voix, sauf à ce que les statuts prévoient expressément des modalités différentes.

## INCIDENT DE SEANCE

Seules les questions prévues à l'ordre du jour peuvent être soumises au vote de la communauté associative. Les juges appliquent ce principe avec grande rigueur, annulant toute résolution qui n'aurait pas figuré dans la convocation. La seule exception à ce principe concerne la révocation des dirigeants qui est toujours possible au cours d'une assemblée, si des circonstances révèlent des faits justifiant l'impossibilité pour les membres de l'association de maintenir leur confiance dans l'équipe dirigeante. On parle alors de « révocation sur incident de séance ».

## RAPPORTS DE GESTION

Que doit-il se passer en AG ? Si vous manquez d'inspiration pour remplir l'ordre du jour de votre AG, souvenez-vous qu'en tant que dirigeant, vous devez rendre compte à la communauté associative de votre gestion de l'association.

Il est d'usage pour ce faire de présenter deux rapports, l'un dit « moral » concernant le développement du projet associatif, l'autre dit « financier » (voir p. 24) à propos des finances associatives. Au minimum, l'assemblée accueillera donc la présentation de ces deux rapports (qui peuvent n'en faire qu'un) et un vote dit « de quitus » par lequel les adhérents entérinent la gestion qui a été conduite.

## PROCES-VERBAL

L'assemblée doit faire l'objet d'un procès-verbal. Concrètement, il s'agit de reprendre les différentes résolutions débattues et d'indiquer pour chacune d'entre elles le résultat du vote, en détaillant les voix « pour », « contre » et les abstentions. Pour garantir l'impartialité du compte-rendu d'assemblée, il est d'usage de solliciter un ou plusieurs membres de l'assemblée n'appartenant pas aux instances dirigeantes, qui participeront à la rédaction du procès-verbal.

Une fois rédigé, le procès-verbal sera signé des dirigeants et on y annexera la feuille d'émargement ainsi que les procurations. Ces documents seront conservés indéfiniment dans le registre des délibérations.

## Le fonctionnement des organes dirigeants

Dans la plupart des associations, le bureau ou le Conseil d'administration ont en charge la direction de l'association. Alors faut-il également documenter les réunions de ces organes comme on le fait pour l'AG, si les statuts ne prévoient rien à ce sujet ?

Il est un cas où cela nous paraît indispensable, c'est lorsque l'association emploie des salariés qui ont en charge la gestion quotidienne des activités de la structure. Dans ce cas effectivement, il pèse sur l'association un risque juridique lié à l'éventuelle requalification des salariés en « dirigeants de fait ». Cette requalification peut avoir lieu si le juge constate que les salariés sont en fait livrés à eux-mêmes et que les instances dirigeantes n'exercent aucun contrôle de leurs activités ; elle peut entraîner de graves conséquences sur le plan juridique et fiscal.

Pour se prémunir contre cette dérive, il suffit que les instances dirigeantes exercent un contrôle réel sur les salariés en charge de la gestion quotidienne. Cette preuve sera facilement apportée en présentant les comptes-rendus des réunions de bureau ou de conseil d'administration, au cours desquelles la gestion des salariés a été examinée par les dirigeants bénévoles ou les administrateurs.

## Les conflits associatifs

L'association est un organisme composé d'individualités

et il peut arriver que des conflits se fassent jour, opposant les personnes sur des valeurs ou des décisions à prendre. Ces conflits, notamment lorsqu'ils deviennent chroniques, représentent un danger potentiel pour la pérennité de l'association.

Ce sont les dirigeants, voire le Conseil d'administration, qui disposent du pouvoir disciplinaire dans l'association. ils ont donc vocation à arbitrer les différends entre les membres et entre les salariés.

Lorsque le conflit concerne les dirigeants ou qu'il s'agit d'un conflit du travail (contentieux entre l'association et un salarié), il faut saisir le juge pour trancher le litige. Ni l'administration, ni aucun organisme consulaire ne sont habilités à trancher les contentieux associatifs ; ces contentieux sont de la seule compétence du Tribunal de Grande Instance (ou du tribunal des Prud'hommes pour les conflits du travail). Avant de saisir le juge, on tentera une conciliation amiable, en s'adressant au tribunal de proximité pour obtenir la liste des conciliateurs de justice.

# 3

## LES FINANCES

En tant que personne morale, l'association dispose de son propre patrimoine. La gestion de ce patrimoine est confiée aux dirigeants bénévoles, qui, dans la limite de leurs pouvoirs statutaires, peuvent engager financièrement l'association, c'est-à-dire utiliser ses moyens de paiement mais également prendre des décisions qui ont des conséquences financières (embauche d'un salarié, conclusion d'un emprunt bancaire).

Dans la gestion des deniers de l'association, les dirigeants doivent faire preuve de prudence et de discernement. Ils ne peuvent engager des dépenses que si elles sont conformes à l'objet associatif et respectent le but non lucratif imposé par la loi de 1901. Par ailleurs, le mandat des dirigeants met à leur charge l'obligation de rendre des comptes, c'est-à-dire de soumettre leur gestion à la communauté associative.

## Respecter le but non lucratif de l'association

L'article 1 de la loi de 1901 interdit de procéder dans l'association à tout partage de bénéfices, à toute distribution qui aurait pour conséquence d' « enrichir » ses membres, d'augmenter leur patrimoine.

C'est principalement à propos des relations financières entre l'association et ses dirigeants que ce principe intangible trouve ses applications concrètes. Deux aspects doivent faire l'objet d'une attention particulière : la rémunération des dirigeants et les mouvements de fonds entre leur patrimoine et celui de l'association.

En ce qui concerne la rémunération des dirigeants élus, celle-ci n'est pas impossible d'un point de vue juridique mais elle entraîne dans certains cas des conséquences fiscales qui peuvent être lourdes pour l'association. Avant donc de prévoir le versement d'une rémunération mensuelle supérieure au ¾ du SMIC (environ 1.100 euros brut mensuels, montant 2016) pour un dirigeant, il conviendra d'évaluer les conséquences fiscales, à savoir l'assujettissement de l'association à l'Impôt sur les Sociétés et à la TVA.

Quel que soit le montant de la rémunération et sa justification économique (rémunération des fonctions dirigeantes ou contrat de travail pour d'autres services rendus à l'association, par exemple, l'animation d'activités), il faudra rédiger un écrit détaillant les services rémunérés, le montant de la rémunération et la durée du contrat. Si la rémunération concerne des services autres que les fonctions dirigeantes, cet écrit prendra la forme d'un contrat de travail respectant les dispositions du Code du Travail.

D'un point de vue juridique, il serait plus que délicat pour le dirigeant de s'octroyer une rémunération, sans en référer aux instances associatives. Le principe et les modalités de la rémunération du dirigeant doivent donc être soumis pour accord aux instances délibérantes de l'association, l'AG de préférence, éventuellement le Conseil d'Administration, et ce préalablement à sa conclusion.

En dehors de toute rémunération, il arrive que les dirigeants entretiennent des relations financières avec leur association, soit parce qu'ils lui ont prêté de l'argent ou qu'ils se font rembourser des frais, par exemple.

On rappelle à ce propos que les dirigeants doivent s'abstenir de confondre leur propre patrimoine avec celui de l'association, sauf à encourir le risque de voir mise en cause leur responsabilité pécuniaire personnelle, au cas où l'association connaîtrait des difficultés financières. Aussi tout mouvement de fonds entre le patrimoine associatif et celui d'un dirigeant doit être légitime d'un point de vue économique et appuyé sur un document écrit.

## Tenir une comptabilité pour rendre des comptes

Les juges considèrent que les dirigeants associatifs sont les mandataires de la structure. Ce statut juridique du mandataire est défini par le Code Civil qui impose quelques obligations à ceux qui gèrent les affaires d'autrui. La première de ces obligations est certainement celle de rendre des comptes de sa gestion au mandant, en l'occurrence la communauté associative.

Il faut tenir le mandant informé des actes et des décisions qui ont été pris pour son compte, car c'est lui qui en assumerait toutes les conséquences. Dans la vie associative, cette obligation de rendre compte de sa gestion se matérialise dans les rapports qui sont présentés par les dirigeants en AG, le rapport moral (voir chapitre 2) et le rapport financier.

Ce rapport financier, plus ou moins sophistiqué selon le budget de l'association, doit s'appuyer sur une comptabilité. Pour la généralité des associations, tenir une comptabilité n'est pas une obligation légale. Les dirigeants auront donc tout loisir de choisir un outil comptable et une procédure adaptés à la taille de leur association. Il peut s'agir d'un simple registre manuscrit dans lequel sont reportées les recettes et les dépenses de l'association, en relation avec les justificatifs (factures, quittances, etc) et les relevés bancaires. L'objectif est simplement de pouvoir prouver à quoi a servi l'argent de l'association.

Les associations dont le budget est plus important (supérieur à quelques milliers d'euros), celles qui sont en relation avec les administrations et celles qui y sont tenues par la loi devront adopter une comptabilité « commerciale », en partie double, conforme au plan comptable des associations. De nombreux logiciels existent pour tenir une telle comptabilité en interne et si les choses paraissent trop compliquées, on pourra s'adresser à un cabinet d'expert-comptable.

Les documents comptables dits « de synthèse » et le rapport financier seront systématiquement soumis à l'AG annuelle, à qui l'on demandera de voter un quitus de gestion. Cette formalité constitue pour les dirigeants un commencement de décharge de responsabilité.

## Gérer les finances associatives en « bon père de famille »

Une autre obligation qui pèse sur les dirigeants en tant que mandataire de la communauté, c'est celle de gérer les affaires de l'association en « bon père de famille ».

Héritée du droit romain, cette notion n'est pas définie par les textes légaux mais précisée par la jurisprudence au fil de ses décisions. Le bon père de famille est un « quidam moyen » (il s'oppose en cela au professionnel ou à l'expert), normalement compétent et prudent. En tant que bon père de famille, on n'attend pas des dirigeants qu'ils soient experts de toutes les questions (souvent) complexes que l'association peut rencontrer.

Ce qui est attendu d'un dirigeant, c'est d'agir de manière

raisonnable : raison et prudence sont les traits de caractère de ce « bon père de famille ».

Dans le domaine financier, ces qualités vont trouver à s'appliquer à propos de deux aspects de la gestion associative : l'endettement et les placements de l'association.

L'endettement de l'association doit rester raisonnable et adapté à ses capacités de remboursement. De nombreuses associations souffrent d'une visibilité réduite sur leurs recettes et l'attitude de leurs financeurs. Pour cette raison, le recours au crédit bancaire doit rester exceptionnel et ne pas anticiper la perception de recettes aléatoires.

En matière de placements, la prudence est également de mise. Les fonds associatifs ne doivent pas être consacrés à des investissements spéculatifs ou impliquant une quelconque prise de risque. Au cas où les choses tourneraient mal, ces placements hasardeux pourraient entraîner la mise en cause de la responsabilité personnelle des dirigeants.

## Le remboursement des frais acquittés par les bénévoles

Dans les petites associations, il est fréquent que ce soient les bénévoles qui acquittent les menues dépenses nécessaires au fonctionnement de l'association : achat de fournitures, « courses » au supermarché en vue du prochain « pot » de l'association, etc. Ensuite, les factures sont présentées au trésorier, qui procède à leur remboursement puis les intègre dans la comptabilité associative.

Cette pratique est parfaitement légale. Il faut toutefois que la dépense remboursée entre strictement dans l'objet associatif ou soit nécessaire au fonctionnement de l'association, qu'elle ait été autorisée par les dirigeants et que son remboursement soit limité au montant exact déboursé par le bénévole.

Pour pouvoir faire l'objet d'un remboursement, la dépense doit être justifiée par une facture en bonne et due forme, faisant apparaître la nature ou l'objet de la dépense de manière précise, le montant, l'identité et les références juridiques du commerçant et si possible le mode de règlement utilisé par le bénévole (on pourra joindre par exemple le ticket de carte bancaire). Sans justificatif valable, pas de remboursement possible.

Il est conseillé d'établir une note de frais à laquelle on agrafera le justificatif de la dépense (facture, ticket de caisse) et qui comportera les mentions suivantes :

- Nature de la dépense
- Chantier concerné ou mission du bénévole
- Montant acquitté
- Moyen de paiement utilisé
- Date de la dépense
- Date du remboursement
- Référence du chèque utilisé ou mention du remboursement en espèces

Cette note sera signé par le bénévole avec la mention manuscrite « *reçu le remboursement de la somme de XX €* » et par le dirigeant ayant procédé au remboursement. La note accompagnée du justificatif sera conservée en comptabilité.

Une exception à l'interdiction des remboursements forfaitaires concerne l'utilisation d'un véhicule personnel par le bénévole pour les besoins de l'association, par exemple les parents qui font le covoiturage des enfants dans les associations sportives. Pour ces dépenses, on utilise un barème kilométrique proposé par l'administration fiscale.

- Véhicule automobile : 0,308 euros/km
- Vélomoteurs, scooters, motos : 0,120 €km

Dans ce cas, la note de frais doit préciser en plus des mentions ci-dessus le trajet effectué et le kilométrage parcouru.

Il est toujours possible pour le bénévole de renoncer à se faire rembourser les frais acquittés pour le compte de l'association. Il s'agit alors d'une forme de don. Dans ce cas, on fera figurer sur la note de frais la mention manuscrite « *Je soussigné (nom et prénom du bénévole) certifie renoncer au remboursement des frais ci-dessus et les laisser à l'association en tant que don* ».

Pour les associations dites d'intérêt général (au sens de l'article 200 du Code Général des Impôts), cette renonciation peut ouvrir droit à un avantage fiscal. Considéré comme un don, le renoncement à se faire rembourser les frais peut donner lieu à l'émission par l'association d'un reçu fiscal et ouvrir droit pour le bénévole à une réduction d'impôt de 66% du montant des sommes abandonnées.

## Sécuriser les instruments bancaires

Dans toutes les associations, la manipulation et la circulation des instruments de paiement doivent faire l'objet de quelques précautions de bon sens.

De trop nombreuses associations détiennent une encaisse en numéraire supérieure à leurs besoins. Pour fonctionner de manière sécurisée, il faut procéder à la remise en banque régulière des espèces collectées.

Lorsque le chéquier est l'unique instrument de paiement, on peut avoir tendance à multiplier les chéquiers en circulation... et les signatures autorisées. En cas de changement de dirigeant, les chéquiers entamés ne sont pas toujours restitués au nouveau bureau. La multiplication de formules de chèques en possession d'utilisateurs mal identifiés est une source potentielle de risques. Même lorsque les détenteurs des chéquiers sont des personnes de toute confiance, celles-ci ne sont jamais à l'abri de la perte ou du vol d'un carnet de chèques. Par ailleurs, plus l'utilisation du chéquier est épisodique, plus il sera long de constater sa disparition et de donner l'alerte à la banque.

Les associations connaissent quelques fois un turn-over accéléré au niveau des instances dirigeantes. Chaque nouvelle désignation d'un dirigeant habilité à faire fonctionner le compte bancaire fait en général l'objet d'une petite visite à la banque, pour « déposer » sa signature. A cette occasion, il faut bien s'assurer que le banquier supprime la signature des dirigeants non réélus.

Les anomalies, les erreurs, éventuellement les fraudes et les malversations, se traduisent en général par un mouvement bancaire. Pour cette raison, les dirigeants doivent suivre leur compte, et notamment les débits, de manière attentive. Selon le nombre d'opérations et leur importance, la fréquence du contrôle serait plus ou moins élevée (au minimum une fois par mois). Idéalement, deux personnes seront destinataires des relevés de compte aux fins de contrôle des opérations et du solde. Toutes les banques proposent aujourd'hui des solutions qui permettent de consulter facilement le compte en ligne.

Pour les associations qui utilisent les services de banque à distance, il convient de renouveler régulièrement les mots de passe.

### Les revenus autorisés selon le statut juridique de l'association

Selon le type d'association concerné, les revenus autorisés pour l'association diffèrent très sensiblement.

L'association non déclarée qui ne dispose pas de la personnalité juridique est très limitée dans sa capacité à collecter des fonds. Elle ne peut recevoir ni dons manuels, ni libéralités et il est interdit de lui verser des subventions.

Dans la pratique, seuls les apports des membres et le versement d'une cotisation sont envisageables.

L'association déclarée dispose d'une capacité plus étendue. Elle peut collecter des cotisations, solliciter des dons manuels et des subventions. Toutefois elle ne peut recevoir de donations ou de legs.

Certaines associations disposent de la « grande » capacité juridique et peuvent recevoir en plus des revenus mentionnés ci-dessus des donations notariées et des legs. Il s'agit notamment des associations reconnues d'utilité publique, des associations cultuelles, des associations qui poursuivent exclusivement un but philanthropique et social (associations dites de bienfaisance) et des associations de recherche scientifique ou médicale.

A noter également que les associations régies par le droit local (Alsace-Moselle) disposent également de cette « grande » capacité.

# 4

## LA FISCALITÉ

Vous l'avez compris : l'association ne vit pas dans une bulle juridique, soustraite aux lois et règlements qui régissent les agents économiques et leurs activités. Il en va de même pour la fiscalité et les impôts.

De nombreuses associations s'interrogent sur la possibilité de distribuer des reçus fiscaux pour les dons et cotisations qu'elles reçoivent. Le mécanisme de l'article 200 du Code Général des Impôts est réservé à certaines associations, dites « d'intérêt général » et il convient de faire quelques vérifications avant d'émettre des reçus fiscaux.

Dans certains cas, l'association supporte des obligations fiscales et doit s'acquitter d'impôts, comme une entreprise. Pour cette raison, les dirigeants associatifs ne peuvent pas faire l'impasse sur la fiscalité de leur structure ; là encore, il s'agit d'éviter d'engager leur responsabilité personnelle.

La fiscalité associative est complexe et la place nous manquerait pour en développer les principes dans cet opuscule qui se veut synthétique. Si le budget de l'association est significatif et que son régime fiscal n'apparaît pas clairement, les dirigeants auront tout intérêt à consulter un spécialiste, avocat ou expert-comptable.

En attendant, on peut consulter l'instruction fiscale de synthèse du 13 janvier 2006 sur la fiscalité associative, sous la référence B.O.I 5 B-2-06 N°5.

## La délivrance de reçus fiscaux pour les dons et les adhésions

C'est l'article 200 du Code Général des Impôts qui ouvre à certaines associations la possibilité de délivrer un reçu fiscal pour les dons et les cotisations d'adhésion qu'elles perçoivent. Le généreux donateur (ou le simple adhérent) peut ensuite joindre ce reçu à sa déclaration d'impôt et bénéficier d'un avantage fiscal représentant 66% de son versement.

Toutes les associations ne peuvent pas mettre en place ce système : il faut répondre à des conditions bien précises qui peuvent faire l'objet d'une vérification de la part de l'administration fiscale.

Les conditions à remplir sont nombreuses et elles sont interprétées de manière restrictive par le fisc. Nous en donnons ici un bref résumé mais on aura tout intérêt à se reporter au détail du régime fiscal, avant de faire tourner « la planche à reçus ».

> Attention si l'association a délivré des reçus sans répondre aux exigences légales : une pénalité de 25% du montant des reçus est prévue.

Les associations éventuellement concernées par ce dispositif sont les associations ayant un caractère philanthropique, éducatif, scientifique, social, humanitaire, sportif, familial, culturel, ou concourant à la mise en valeur du patrimoine artistique, à la défense de l'environnement naturel ou à la diffusion de la culture, de la langue et des connaissances scientifiques françaises.

Par ailleurs, pour donner droit à l'avantage fiscal, l'association doit fonctionner de manière désintéressée (comprenez : ne pas rémunérer ses dirigeants au-delà du seuil des ¾ du SMIC) et ne pas être réservée à un groupe restreint de personnes (par exemple, les anciens élèves d'une école).

Enfin, le versement faisant l'objet de l'avantage fiscal ne doit pas avoir de contrepartie au profit de la personne versante. Il doit s'agit d'un geste désintéressé et pas du paiement d'un bien ou d'un service rendu par l'association. Si l'association « facture » la participation à ses activités sous forme d'une cotisation unique permettant à la fois de participer aux assemblées générales et de profiter de ses activités, cette cotisation n'est pas éligible au régime de l'article 200.

Pour les associations qui ne sont pas certaines de remplir toutes les conditions, il existe une procédure, le rescrit fiscal, permettant d'interroger l'administration et d'obtenir une réponse sous un délai raisonnable.

## Le régime fiscal des activités lucratives

Dès lors qu'elle exerce une activité économique ou qu'elle perçoit des revenus réguliers, l'association est susceptible d'être assujettie aux impôts commerciaux : Impôt sur les Sociétés (IS), Taxe à la Valeur Ajoutée (TVA) et Contribution Economique Territoriale (CET) sur ses recettes et ses excédents, sans distinguer selon la source de ces revenus.

Le fait que ces revenus soient qualifiés éventuellement de « cotisation », que l'association ne dégage pas de bénéfices ou que ceux-ci soient réinvestis dans l'association ou consacrés exclusivement à l'objet associatif est sans influence, contrairement à ce que croient de nombreuses personnes.

Il suffit que l'association propose au public de manière habituelle des services contre une rémunération pour conduire des activités lucratives.

Toutefois, différentes niches fiscales permettent à l'association d'échapper aux impôts commerciaux.

## LA FRANCHISE EN BASE

Une première possibilité d'exonération doit être envisagée : elle concerne les petites structures, celles dont les recettes annuelles sont inférieures à 32.900 € (ou 82.200 € pour les activités d'achat-revente, de ventes à consommer sur place et d'hébergement, seuils 2016) Il s'agit d'un dispositif connu sous le nom de « franchise en base » qui s'applique à tout type d'organisme (associations, autoentreprise, société). La franchise en base procure une exonération de TVA.

Si les recettes associatives sont supérieures à ce montant, il faut envisager des mécanismes d'exonération propres aux associations. Ces exonérations recouvrent différentes situations mais elles sont toutes soumises à une même condition, la gestion désintéressée de l'association, c'est-à-dire l'absence de rémunération des dirigeants (plus exactement de rémunération supérieure au ¾ du SMIC, puisqu'il existe une tolérance fiscale jusqu'à ce seuil).

Attention : dès lors que l'un des dirigeants de l'association perçoit une rémunération supérieure au ¾ du SMIC (que ce soit au titre de ses fonctions dirigeantes ou pour d'autres tâches effectuées dans l'association), l'association est obligatoirement assujettie aux impôts commerciaux sur l'ensemble de ses revenus (sauf à bénéficier de la tolérance pour les associations percevant plus de 200.000 euros de recettes privées ; voir à ce sujet p.45).

## MANIFESTATIONS EXCEPTIONNELLES

Un régime d'exonération couvre les manifestations de bienfaisance et de soutien que l'association organise pour se procurer des revenus (banquets, vide-grenier, loto, spectacle, etc). Ces manifestations exceptionnelles ne doivent pas relever de l'objet associatif : pour une association de spectacle vivant, la présentation d'une pièce de théâtre dont l'entrée est payante ne peut être considérée comme une manifestation exceptionnelle. Il est possible d'organiser jusqu'à 6 manifestations par an et les recettes sont exonérées sans limite de montant.

## ASSOCIATION « FERMEE »

Un autre régime d'exonération concerne de très nombreuses associations, notamment la plupart des associations sportives, il est connu sous le nom d' « association fermée ».

D'un point de vue fiscal, une association fermée ne délivre ses services qu'à ses adhérents. Pour se joindre aux activités associatives, il faut obligatoirement devenir membre de la structure et exercer ses droits d'adhérent (participation aux assemblées, éligibilité aux fonctions dirigeantes). Ce régime est également ouvert aux activités à caractère éducatif et culturel, ainsi qu'aux associations à vocation sociale.

## ACTIVITES LUCRATIVES ACCESSOIRES

Si l'association ne peut profiter d'aucun de ces dispositifs, elle peut faire valoir que les revenus de ses activités lucratives sont inférieurs au plafond annuel de 61.145 euros (plafond 2016). Cette exonération suppose toutefois que les activités lucratives ne soient pas prépondérantes par rapport aux autres activités de l'association.

Une fois épuisées toutes ces possibilités d'exonération,

l'association doit se préparer à acquitter les impôts commerciaux, la TVA sur ses recettes, l'Impôt sur les Sociétés pour ses excédents (bénéfices) et la Contribution Economique Territoriale (l'ancienne taxe professionnelle).

Dans cette affaire, l'objectif de l'administration fiscale est de garantir la neutralité de l'impôt au regard des différents acteurs économiques, secteur marchand et non marchand. Lorsque l'association se comporte comme une entreprise, en développant des activités lucratives habituelles qui lui procurent des revenus significatifs, elle doit se voir imposer le même régime fiscal.

**ACTIVITES D'UTILITE SOCIALE**
Toutefois, les conditions d'exercice des activités associatives sont examinées par l'administration, qui accepte de reconnaître l'exception associative.

Une exonération fiscale est prévue pour les associations qui remplissent certains critères de gestion et présentent une réelle utilité sociale. Cette exonération vaut pour tous les impôts commerciaux (IS et TVA), quel que soit le montant des revenus. Elle suppose bien-entendu que la gestion de l'association reste désintéressée.

Cette exonération est ouverte de plein droit aux associations dont les activités ne sont pas concurrentielles, c'est-à-dire les associations qui ne font pas concurrence à une entreprise commerciale. Pour s'assurer de cette absence de caractère concurrentiel, il faut se livrer à un examen détaillé de la situation de l'association et vérifier qu'aucune entreprise n'exerce une activité identique dans la zone de rayonnement de l'association.

Si l'activité est concurrentielle, l'association peut malgré tout bénéficier d'une exonération en justifiant son utilité sociale. C'est la règle dite des « 4 P » qui définit des conditions d'exercice de l'activité différentes de celles des acteurs du secteur marchand.

Ces conditions peuvent différer du secteur marchand parce que le prix des services rendus par l'association est très inférieur à celui du marché (30% de différentiel sont considérés comme suffisants par l'administration). L'activité peut également se différencier parce que le produit (ou le service rendu) présente une vocation sociale marquée. Enfin, l'activité concurrentielle de l'association peut être réservée à un certain public, identifié sur la base de critères sociaux.

Pour bénéficier de l'exonération, l'association dont les activités présentent un caractère d'utilité sociale doit toutefois s'abstenir de recourir à des méthodes commerciales trop agressives (publicité).

Si aucun de ces mécanismes ne procure d'exonération, l'association verra l'ensemble de ses recettes assujetties aux impôts commerciaux. Il est toutefois possible de limiter l'imposition aux seules activités lucratives, en pratiquant un cloisonnement comptable (sectorisation) ou juridique (filialisation) des activités lucratives. Le fait d'isoler de manière comptable ou juridique les activités assujetties permettra de limiter l'imposition à ces seuls revenus et d'éviter que toutes les recettes de l'association supportent les impôts commerciaux.

## L'imposition des revenus du patrimoine

Certaines associations disposent d'un patrimoine immobilier ou financier, dont elles peuvent tirer des recettes (loyers ou produits financiers). D'une manière générale, ces revenus sont imposables (sauf quelques exceptions mentionnées plus bas) ; ils doivent donc être déclarés par l'association et soumis à l'Impôt sur les Sociétés (IS), même si l'association bénéficie par ailleurs de l'exonération des revenus tirés de ses activités.

Les associations bénéficient toutefois d'un taux minoré par rapport au droit commun.

Pour les revenus immobiliers ou agricoles et certains revenus financiers, le taux d'imposition est fixé à 24 % :
• Les revenus de créances non négociables, dépôts cautionnement et comptes courants visés à l'article 124 du CGI
• Les revenus des valeurs mobilières étrangères
• Les revenus des avances, prêts ou acomptes reçus en qualité d'associé de sociétés de capitaux
• Les produits des bons ou contrats de capitalisation

Toutefois, les revenus de certains placements financiers bénéficient d'un régime particulier et sont taxables à 10 % ou à 15 % :

- Les produits des titres de créances négociables sur un marché réglementé
- Les dividendes perçus des sociétés immobilières de gestion
- Les produits de parts de fonds communs de créances
- Les primes de remboursement
- Les dividendes perçus des sociétés françaises (15 %)

Enfin, quelques produits financiers sont totalement exonérés :

- Les intérêts des bons de caisse soumis au prélèvement libératoire
- Les intérêts inscrits sur les livrets défiscalisés (anciens livret A des caisses d'épargne ou livrets « bleus » du Crédit mutuel)

L'association bénéficiant de ce régime de faveur (article 206-5 du CGI) sera également exonérée d'impôt sur les plus-values mobilières et immobilières qu'elle réalise.

---

Attention, lorsque l'association est imposée à l'IS (sans sectorisation) pour des activités lucratives, ce régime de taux réduit ne trouve pas à s'appliquer. Revenus, plus-values immobilières et financières sont alors imposés à l'IS, au taux du droit commun (33 %).

---

Pour bénéficier de ce régime, l'association doit déclarer les revenus de son patrimoine soumis à l'IS sur un formulaire spécial (imprimé n°2070). Cette déclaration doit être déposée au service des impôts dans les trois mois de la clôture de chaque exercice. Si aucun exercice comptable n'est clos au cours d'une année, le dépôt doit intervenir au plus tard le 30 avril de l'année suivante, accompagné du règlement.

## La responsabilité fiscale du dirigeant bénévole

L'administration fiscale peut introduire en action en justice pour voir le dirigeant associatif condamné au paiement solidaire des impôts et taxes dus par l'association. Il s'agit d'une procédure (art. L.267 du Livre des Procédures Fiscales) relativement rare, mais redoutable pour le dirigeant.

Cette action vise exclusivement les dirigeants qui par des manœuvres frauduleuses ou l'inobservation grave et répétée des obligations fiscales ont rendu impossible le recouvrement de ces impôts.

# 5

# LES
# RESSOURCES
# HUMAINES

Selon la loi de 1901, l'association repose sur le principe du bénévolat, la gratuité de l'engagement et l'absence de contrepartie matérielle. Cet engagement se fait sous la forme d'un don matériel, financier ou (d'un peu) de son temps.

Cela n'interdit pas à l'association de recourir à des interventions extérieures. Certaines précautions doivent être prises avant de faire appel à un professionnel indépendant ; à défaut, l'association pourrait se voir imposer un contrat de travail.

Si l'association dispose d'une source de revenu pérenne et suffisante, elle peut envisager d'embaucher un(e) salarié(e) à temps complet ou partiel dans le cadre d'un contrat de travail à durée déterminée ou indéterminée. En devenant employeur, l'association et ses dirigeants encourent certaines responsabilités qu'il ne faut pas sous-estimer.

Comme il a été dit plus haut, l'association loi 1901 repose sur le bénévolat. Pour cette raison, le versement d'une rémunération ou d'avantages indirects aux membres de l'association et particulièrement à ses dirigeants élus doit être regardé avec circonspection. Le recours à la tolérance fiscale qui permet de rémunérer un ou plusieurs dirigeants doit le cas échéant être entouré de toutes les garanties nécessaires.

## Le recours à un professionnel indépendant

Lorsque l'association doit sous-traiter certains travaux nécessaires au bon fonctionnement de la structure ou au déroulement de ses chantiers (par exemple, des travaux comptables, un développement informatique, la rénovation ou l'aménagement du local associatif), elle peut les confier à un intervenant extérieur, un professionnel indépendant.

Ce professionnel doit être déclaré auprès du Répertoire des Métiers (artisans) ou du Registre du Commerce (commerçants et prestataires de services) ou tout simplement auprès de l'URSSAF (professions libérales et auto-entrepreneurs). Dans tous les cas, un professionnel indépendant dispose d'un numéro SIRET et doit pouvoir justifier de son inscription au répertoire SIRENE. On vérifiera que la personne dispose bien de ce numéro en regardant sur le devis ou sur le papier à en-tête de l'entreprise ; en cas de doute, on réclamera une copie du certificat d'inscription au répertoire SIRENE émis par l'INSEE.

Le professionnel établira à l'issue des travaux une facture comportant sa raison sociale et son numéro SIRET. Le montant à payer sera éventuellement majoré de la TVA qui doit apparaître sur la facture.

Si la personne n'est pas immatriculée comme professionnel indépendant, l'association ne peut pas lui verser de rémunération sans l'employer comme salarié.

---

Contrairement à ce que certains croient, il n'existe aucune tolérance permettant de faire ponctuellement des factures ou des notes d'honoraires. En dehors d'un statut légal de travailleur indépendant ou de salarié, il est interdit de rémunérer une personne physique et cela engagerait la responsabilité pénale de l'association qui se rendrait coupable de travail dissimulé.

---

## Le recours au travail salarié

Lorsque la personne à qui l'on veut confier les travaux ne dispose pas d'un statut d'indépendant, il faut alors l'embaucher comme salarié, en établissant un contrat de travail et en faisant à l'URSSAF une déclaration préalable d'embauche. Ce contrat de travail peut être à durée déterminée, si le travail prévu est ponctuel et bien défini (par exemple, le développement d'un site internet ou des travaux de réfection d'un local).

Si les taches confiées sont récurrentes et qu'il est envisagé une relation à long terme, il faudra conclure un contrat de travail à durée indéterminée (CDI).

Pour le paiement des salaires, on pourra choisir entre le système classique ou bien l'utilisation du Chèque Emploi Associatif (www.cea.urssaf.fr) qui permet de simplifier les démarches administratives. Toutefois, le recours à ce système ne dispense pas de conclure un contrat de travail en bonne et due forme, afin de sécuriser la relation juridique entre l'association et son salarié.

Avant de signer un contrat à durée indéterminée, il faut se souvenir que rémunérer un salarié de manière régulière est une opération assez coûteuse. Le salaire mensuel et les charges sociales d'un emploi récurrent à temps plein peuvent constituer une lourde charge pour l'association si son budget est sous-dimensionné ou ses recettes trop aléatoires. Sauf à bénéficier d'un régime dérogatoire ou d'un contrat aidé, votre association devra tous les mois débourser deux mille euros environ pour en verser mille à son salarié. Il faut également envisager les coûts indirects induits par la présence du salarié (médecine du travail, bulletins de salaires, etc).

Avant de prendre la responsabilité d'engager l'association

« à durée indéterminée », le dirigeant doit évaluer objectivement les perspectives financières de sa structure et ne pas conduire l'association et son salarié dans une impasse économique.

S'il est juridiquement possible de rompre le contrat en respectant un préavis, ces ruptures sont toujours douloureuses et quelques fois conflictuelles. Les petites associations peuvent éprouver des difficultés à maîtriser la procédure très encadrée du licenciement. Si l'on envisage de se séparer d'un salarié, on a tout intérêt à se faire accompagner par un conseil qualifié.

> Attention aux associations sportives qui ne peuvent salarier pour l'enseignement de leur discipline que des personnes titulaires d'un Brevet d'Etat (ou assimilé).

Il est licite sur le plan juridique de conclure avec un membre de l'association un contrat de travail, à condition que les taches soient réelles, la rémunération conforme aux conditions du marché et raisonnable eu égard au budget de l'association. En ce qui concerne la rémunération de membres dirigeants, on a vu plus haut que le fait de verser à un dirigeant élu une rémunération supérieure au ¾ du SMIC entraîne l'assujettissement de l'association aux impôts commerciaux.

Il existe une autre tolérance fiscale permettant de rémunérer un ou plusieurs dirigeants sans déclencher l'assujettissement aux impôts commerciaux : elle concerne exclusivement les associations dont les recettes privées (hors subventions) sont supérieures à 200 000 euros. La rémunération du (ou des) dirigeant(s) doit alors obligatoirement être entourée de différentes précautions.

## Salariés et organes dirigeants

Le but non lucratif imposé par la loi de 1901 et l'exigence fiscale d'une gestion désintéressée interdisent que l'association soit gouvernée par ses salariés. La sanction serait immanquablement la requalification dont il a été question plus haut. Selon le Conseil d'Etat, la participation de représentants des salariés au Conseil d'administration doit être limitée à 25% de son effectif.

Dans les « grosses » associations, les dirigeants bénévoles se trouvent en présence d'une équipe de salariés souvent conduite par un directeur. Dans cette situation, on doit être attentif au risque de requalification des salariés en dirigeant de fait. Ce risque apparaît si les dirigeants bénévoles renoncent à exercer les prérogatives de l'employeur, à savoir le contrôle et la discipline des salariés.

Cette situation est plus fréquente que l'on ne croit ; elle caractérise autant des associations qui « fonctionnent bien », les bénévoles faisant totalement confiance aux salariés et leur abandonnant progressivement tous les pouvoirs que des associations qui « marchent mal », les salariés ayant pris le pouvoir et s'étant appropriés les leviers de commande.

Cette situation est dangereuse pour toutes les parties en présence, car elle engage la responsabilité aussi bien des bénévoles, qui n'exercent plus les fonctions que leur a confié l'AG que les salariés dont la responsabilité personnelle peut alors être engagée.

Pour l'association, la requalification d'un salarié en dirigeant de fait entraîne un risque fiscal important, le salarié dirigeant de fait percevant (par hypothèse) une rémunération supérieur aux ¾ du SMIC, l'administration fiscale refusera de considérer que la gestion de l'association est désintéressée et assujettira les recettes de l'association aux impôts commerciaux.

Pour se prémunir contre le risque de requalification des salariés en dirigeants de fait, quelques précautions suffisent. Il faut tout d'abord organiser une répartition claire des tâches entre bénévoles et salariés. Contrats de travail, statuts et règlement intérieur de l'association doivent faire apparaître cette répartition des domaines d'intervention de chacun. Si le directeur peut agir au nom de l'association, il devra disposer d'une délégation de pouvoir des instances dirigeantes.

Les plus larges pouvoirs peuvent être donnés aux salariés pour gérer la structure au quotidien, mais il est indispensable que les dirigeants bénévoles contrôlent de manière effective la gestion conduite par les salariés. C'est la mission du Conseil d'administration ou du bureau, qui lors de leurs réunions devront se livrer à un examen attentif des décisions prises par les salariés. Ce travail de surveillance et de contrôle sera documenté dans les procès-verbaux des réunions comme il est indiqué au chapitre 2.

# 6

# LES
# SUBVENTIONS

Si votre projet associatif est en phase avec les politiques publiques, vous êtes en mesure de solliciter une subvention. Accordées par l'Etat, les collectivités territoriales et certains établissements publics, les subventions sont des contributions discrétionnaires et facultatives des pouvoirs publics au(x) projet(s) d'une association.

Quelques précautions sont à prendre au moment de solliciter la subvention. Par ailleurs la loi met à la charge des associations qui reçoivent des fonds publics différentes obligations, plus ou moins contraignantes, en fonction des montants reçus.

## Avant de recevoir une subvention

Quel que soit l'organisme dispensateur, il ne vous prendra au sérieux que si vous êtes en mesure de produire à l'appui de votre demande de subvention des comptes annuels, au moins un bilan et un compte de résultat, certifiés conformes par le président ou le trésorier.

Par ailleurs, de manière systématique pour les subventions d'Etat et de plus en plus souvent pour celles des collectivités locales, les comptables publics exigent que l'association bénéficiaire soit inscrite au répertoire SIRENE dont il a été question au chapitre 1. Mieux vaut devancer une éventuelle relance car cela bloquerait la mise en paiement de votre subvention.

Pour éviter le blocage de votre demande de subvention, « devancez l'appel » et faites immatriculer votre association au répertoire SIRENE, en la déclarant auprès de la Direction Régionale de l'INSEE.

Les dispensateurs de subventions exigent que la demande soit présentée dans des formes spécifiques. Pour les subventions de l'Etat et des établissements publics, il existe un formulaire unique qui doit obligatoirement être employé, le CERFA 12156.

Enfin, il est utile d'asseoir juridiquement la subvention sur un contrat en bonne et due forme, une convention de subvention. Cette convention est obligatoire pour les subventions supérieures à 23.000 euros.

Les associations qui sollicitent « le renouvellement » d'une subvention doivent se souvenir qu'il s'agit d'une décision discrétionnaire de l'organisme public.

## Subventions affectées à un projet

De plus en plus souvent, les subventions versées concernent un chantier bien précis de l'association ou un projet clairement identifié. La première obligation de l'association bénéficiaire de cette subvention est alors de l'employer conformément à sa destination et de dépenser les sommes reçues conformément à la convention. L'administration dispose toujours du droit de contrôler l'usage final et réel de ses deniers. Par ailleurs, sauf autorisation expresse dans la convention, il est interdit à l'association de reverser la subvention à une autre association.

Lorsque la subvention est affectée à une dépense déterminée, l'organisme bénéficiaire doit produire un compte-rendu financier qui atteste de la conformité des dépenses effectuées à l'objet de la subvention.

Ce compte-rendu financier est déposé auprès de l'autorité administrative qui a versé la subvention dans les six mois suivant la fin de l'exercice pour lequel elle a été attribuée. Un modèle de compte-rendu figure dans le dossier CERFA 12156.

## Subventions supérieures à 23.000 euros

Les subventions d'un montant supérieur à 23.000 euros doivent en principe obligatoirement faire l'objet d'une convention, un contrat conclu entre le financeur et l'association bénéficiaire. Nous écrivons « en principe » car toutes les collectivités locales n'appliquent pas encore cette précaution de bon sens.

La convention de subvention peut être conclue pour une seule ou plusieurs années. Elle précise obligatoirement l'objet, le montant et les conditions d'utilisation de la subvention attribuée.

Ces conventions mettent à la charge de l'association bénéficiaire certaines obligations, notamment celles d'évaluer les actions financées et de rendre des comptes détaillés.

## Subventions (et dons) supérieurs à 153.000 euros

Lorsque l'association bénéficie au titre d'une année d'un montant de subvention(s) supérieur à 153.000 euros, elle supporte des obligations particulières (il en va de même si l'association collecte plus de 153.000 euros de dons donnant lieu à délivrance d'un reçu fiscal, voir à ce sujet p. 31).

Lorsque l'association franchit ce seuil des 153.000 euros, elle doit alors se plier aux obligations suivantes :
• Etablir une comptabilité conforme au plan comptable

associatif et comportant un compte de résultat, un bilan et une annexe (éventuellement un compte d'emploi des ressources pour les dons)

• Faire contrôler ses comptes par un commissaire aux comptes désigné en AG

• Transmettre chaque année ses documents comptables à la direction du Journal Officiel, en vue de leur publication

La mise en place d'une comptabilité conforme exigera de solides compétences dans l'association, à moins que les dirigeants décident d'en confier la tenue à un professionnel extérieur. Logiciel et registres comptables feront l'objet de toutes les sauvegardes nécessaires pour assurer la pérennité des informations comptables.

Le commissaire aux comptes et son suppléant seront désignés en AG pour une période de six années. On se rapprochera de l'ordre des Commissaires aux comptes pour sélectionner un professionnel attentif aux réalités du tiers secteur.

La publication des comptes des associations percevant plus de 153.000 euros de subventions est centralisée par la direction des Journaux officiels. Les dirigeants doivent transmettre chaque année une synthèse des comptes associatifs. Le dépôt et la publication s'effectuent exclusivement par voie électronique (format pdf) sur le site du J.O. La formalité coûte 50 euros. L'absence de publication n'est pas sanctionnée.

## Subventions supérieures à 500.000 euros sur 3 ans

Les subventions versées aux associations assurant un service d'intérêt économique général (SIEG) obéissent à un régime particulier ; elles doivent être «euro-compatibles».

Lorsque l'association perçoit des subventions pour un montant supérieur à 500 000 euros au cours de trois années consécutives, elle doit conclure avec son partenaire public une convention spécifique respectant les règles de l'Union Européenne à propos de l'interdiction des aides d'État. Ces règles sont complexes et il est recommandé de s'adresser à un juriste qualifié pour la rédaction de la convention de subvention, si l'association bénéficiaire est dans ce cas.

# 7

# L'INFORMATIQUE ET INTERNET

L'informatique et internet sont aujourd'hui des outils habituels pour toutes les associations. La maniement de ces ressources impose aux dirigeants bénévoles quelques précautions, en vue d'assurer la sécurité juridique de leur organisme.

L'association doit se prémunir contre le vol ou le détournement de ses fichiers et autres outils numériques. Les contentieux sont fréquents à ce sujet, notamment lorsque l'implantation de ces ressources dans l'association s'est faite à l'initiative d'un bénévole. L'utilisation des outils numériques pour la gestion des adhésions et l'animation d'un site web peuvent également être source de responsabilité. On veillera donc à bien intégrer les contraintes juridiques relatives à ces nouveaux outils.

## Les fichiers informatiques

Les fichiers informatiques utilisés pour les besoins de l'association ainsi que les services en ligne souscrits à son nom sont la propriété de l'association.

Les outils internes de l'association et ses moyens de communication ne peuvent être utilisés que par les personnes habilitées (dirigeants de droit, salariés et bénévoles mandatés), à des fins conformes à l'objet statutaire et aux usages de l'association. Nul ne peut détenir ces ressources ou les utiliser sans avoir été habilité à le faire par les dirigeants de l'association. Toute utilisation abusive, pour un objet autre que celui de l'association, toute forme de rétention de la part d'une personne n'ayant pas (plus) qualité constitue une infraction et justifierait un recours judiciaire de la part de l'association lésée.

Les dirigeants doivent prendre toutes précautions et se ménager les moyens de preuves de la communication des données à des personnes habilitées (bénévoles, tiers, professionnels). Ils doivent s'assurer que les services, hébergement et réservation de nom de domaine sont bien souscrits au nom de l'association, et non à celui d'une personne physique. Au moment du changement des personnes responsables, on prendra soin de renouveler les identifiants et les codes d'accès aux services.

## Dispense de déclaration à la CNIL des fichiers de l'association

Les fichiers de données nominatives doivent en principe être déclarés auprès de la CNIL (Commission Nationale de l'Informatique et des Libertés). Toutefois, cet organisme a dispensé les associations de déclarer la tenue de fichiers d'adhérents et de donateurs.

Les sites web d'associations sont également visés dans la dispense : ainsi les fichiers relatifs aux membres ou aux donateurs créés à partir d'un site web n'ont pas à être déclarés à la CNIL. La diffusion sur internet de l'annuaire des adhérents est également dispensée de déclaration. Toutefois les membres doivent être préalablement informés de la diffusion de leurs données sur internet et doivent être mis en mesure de s'y opposer par un moyen simple tel qu'une case à cocher.

L'utilisation à des fins de prospection d'un fichier des membres et des donateurs, à l'exclusion d'opérations de prospection politique, n'a pas à être déclarée, à condition que les droits des personnes soient respectés : information préalable des personnes, notification du droit d'opposition ou recueil préalable du consentement (prospection commerciale par voie électronique).

## La collecte de données nominatives

Même si ses fichiers sont dispensés de déclaration, l'association doit respecter les prescriptions de la loi de 1976, protégeant la vie privée contre la collecte abusive de données nominatives. Les données que l'association peut enregistrer sont seulement celles relatives à l'identité, l'identité bancaire et à la vie associative.

Attention : Il est interdit de collecter des données sensibles telles que les origines ethniques, les opinions politiques, philosophiques ou religieuses, l'appartenance syndicale, l'état de santé ou l'orientation sexuelle des personnes, les infractions, condamnations ou mesure de justice.

Les membres, adhérents, donateurs faisant l'objet du fichier doivent être informés au moment de leur adhésion de la mise en œuvre d'un traitement informatisé. On pourra ajouter en bas du bulletin d'adhésion la petite phrase habituelle « *Les informations recueillies sont nécessaires pour votre adhésion. Elles font l'objet d'un traitement informatique et sont destinées au secrétariat de l'association. En application des articles 39 et suivants de la loi du 6 janvier 1978 modifiée, l'adhérent bénéficie d'un droit d'accès et de rectification aux informations qui le concerne.* ».

Ces données ne peuvent être conservées au delà de la démission ou de la radiation du membre (sauf s'il fait la demande contraire).

## Le site internet de l'association

En tant qu'éditeur d'un site internet, votre association doit y afficher une page d' « informations légales », reprenant différentes informations à propos de l'hébergeur du site internet et de son éditeur, à savoir l'association elle-même.

A propos de l'éditeur, doivent apparaître clairement la dénomination de votre association, son objet social, son siège social et un moyen de la contacter (téléphone ou mail). Vous devez précisez le nom d'une personne physique faisant fonction de directeur de publication, en principe il s'agit du représentant de l'association, qui sera responsable en premier chef pour toute diffamation ou injure proférée sur le site internet. Il faudra évidemment préciser le moyen de le contacter (généralement une adresse de courriel).

A propos de l'hébergeur du site, il faudra également préciser la dénomination, l'adresse du siège social et un moyen de contacter l'entreprise.

## La protection du droit à l'image et à la vie privée

La publication d'images (photo ou vidéo) sur le site internet de l'association doit s'accompagner de certaines précautions. Avant de republier la photographie de personnes, il faut s'assurer de respecter le cadre juridique de la protection de la vie privée.

Toute publication doit être précédée d'une demande d'autorisation précise à propos du but de la prise d'image (album de l'association, site internet,...). A défaut d'un tel accord, une personne visée pourra demander le retrait de la publication violant son droit à l'image et demander des dommages et intérêts (sans compter diverses infractions pénales).

Le droit à l'image ne s'applique que si la personne sur le support est identifiable. Ainsi une personne de dos, de loin ou dans une foule compacte ne pourra pas demander à bénéficier du droit à l'image et l'association n'aura pas à lui demander d'autorisation particulière.

Pour la publication de photos de mineurs, le consentement des parents est toujours requis. Pour un mineur plus âgé, en plus de l'autorisation des deux parents, l'enfant devra également donner son autorisation. La loi ne fixe pas d'âge précis mais les tribunaux situent « l'âge de discernement » vers 6-7 ans environ.

Afin d'assurer la sécurité juridique de votre association, il est conseillé de prévoir dès l'adhésion du membre une clause écrite l'informant de l'utilisation ultérieure de photographies dans un journal associatif ou sur le site internet. A défaut d'une telle clause dans le bulletin d'adhésion, prévoyez une autorisation expresse à chaque événement que vous organisez afin de vous prémunir contre tout risque de litige.

# 8

# LES RISQUES OPÉRATIONNELS

La prévention et la couverture des risques dans l'association sont un aspect essentiel du « métier » de dirigeant bénévole. Toutes les associations présentent une typologie de risques particulière, liée à leurs activités et leur contexte. Il convient d'en prendre précisément la mesure et de mettre en œuvre tous les moyens pour réduire et assurer les risques pesant sur l'association.

La mise en cause de la responsabilité personnelle des dirigeants est très rare dans le domaine associatif. Il faut se souvenir que les dirigeants ne sont que des mandataires.

De ce fait, c'est la responsabilité de l'association en tant que personne morale, qui est en premier lieu engagée. Toutefois les dirigeants doivent se garder de toute imprudence et agir avec discernement.

Ceci est particulièrement important pour les associations sportives, celles proposant des activités de plein air ou faisant encourir des risques aux personnes. Les associations sont de plus en plus souvent confrontées à des contentieux liés à la mise en cause de leur responsabilité.

Pour cette raison, il sera indispensable de se livrer à une analyse préventive des risques encourus dans l'association et d'assurer correctement sa responsabilité civile. Si les activités nécessitent une discipline particulière, les dirigeants n'hésiteront pas à adopter un règlement intérieur pour encadrer plus précisément bénévoles, salariés et usagers de l'association.

Eventuellement, en complément de ces précautions, les dirigeants souscriront pour leur compte une police couvrant leur responsabilité civile personnelle.

## La gestion prudente et avisée de l'association

On attend des dirigeants associatifs qu'ils se comportent en « bon père de famille » dans la gestion des affaires de l'association, c'est-à-dire qu'ils agissent avec prudence et bon sens (voir à ce sujet dans le domaine financier, chapitre 3). Dès lors qu'il respecte l'objet associatif, le dirigeant agit comme simple mandataire de la structure. Il en résulte qu'en cas de faute, d'erreur ou d'accident, c'est essentiellement la responsabilité de la personne morale qui sera engagée.

Seules certaines circonstances particulières ont vu la responsabilité personnelle des dirigeants de l'association mise en cause :
• Le dirigeant a outrepassé l'objet associatif
• Le dirigeant a commis une faute grossière, inexcusable
• Le dirigeant s'est servi de l'association pour couvrir des faits délictueux
• Le dirigeant s'est enrichi aux dépens de l'association

Il en résulte que sauf à commettre intentionnellement des manœuvres frauduleuses ou d'une criminelle négligence, un dirigeant associatif ne risque pas grand-chose, à condition qu'il se montre prudent, qu'il respecte lui-même et fasse respecter dans l'association les dispositions obligatoires des statuts.

## L'Assurance Dommages et Responsabilité civile

Toute association, quelles que soient ses activités, a l'obligation morale d'assurer les conséquences financières de sa responsabilité civile. Un malheur est si vite arrivé ! Il ne serait pas acceptable que la victime d'une erreur ou d'une négligence de l'association se retrouve sans recours, parce qu'elle n'est pas correctement assurée. Cette obligation est sanctionnée par la loi pour certaines associations, comme les associations sportives ou celles organisant l'accueil de mineurs.

Le premier devoir des dirigeants consiste donc à souscrire pour l'association une police d'assurance couvrant la responsabilité civile de la personne morale et les préjudices que pourraient avoir à subir les personnes, du fait de ses activités.

Cette police d'assurance doit couvrir les activités habituelles de l'association pour les dommages causés aussi bien aux tiers qu'aux membres. En ce qui concerne les dommages causés par un adhérent à un autre adhérent, les conditions générales ou particulières du contrat doivent mentionner en toutes lettres que les adhérents sont considérés comme des tiers entre eux.

La plupart des produits d'assurance proposés aux associations couvrent les manifestations exceptionnelles mais mieux vaut vérifier la présence de cette clause qui peut mettre à la charge des dirigeants certaines obligations (déclaration préalable à l'assureur, exclusion des manifestations ouvertes au public...)

Suivant que votre association est propriétaire, locataire, occupante à titre gratuit de son local, les garanties doivent être différentes. Vérifiez que le contrat intègre bien votre véritable statut d'occupation des locaux de votre association.

## Le règlement intérieur (RI)

Contrairement à celui des entreprises de plus de 20 salariés, le Règlement Intérieur des associations 1901 n'a jamais de caractère obligatoire (sauf s'il est imposé à l'association dans le cadre d'un partenariat, d'une subvention ou de la reconnaissance d'utilité publique).

L'adoption d'un RI résulte en général de l'initiative de l'association, l'assemblée des adhérents ou les organes dirigeants. Il faut également se souvenir que le RI a toujours un caractère accessoire par rapport aux statuts de l'association ; il peut les compléter, voire suppléer à leur silence, mais jamais les contredire.

Si les statuts se montrent trop lacunaires, le RI est un bon moyen d'organiser les chantiers de l'association ou son fonctionnement institutionnel, notamment quand les activités engendrent des risques ou s'adressent à des publics protégés (enfants, handicapés).

En cas de litige, le RI s'impose à toutes les parties en présence. Il est possible pour l'association prestataire de limiter ou d'encadrer sa responsabilité en stipulant une clause de limitation de responsabilité, qui préciserait par exemple que le participant doit revêtir un équipement de sécurité ou se conformer aux instructions des moniteurs.

De telles clauses peuvent être insérées dans le RI, qui tiendra alors lieu de contrat. Pour être tout à fait transparent, le bulletin d'adhésion sera accompagné d'un extrait du RI reprenant les différentes clauses opposables, dont l'association conservera un exemplaire signé par le participant.

D'une manière générale, le RI peut traiter de toutes les questions relatives au fonctionnement de l'association, par exemple :

• Procédure disciplinaire (notamment les conditions de refus d'une candidature ou d'exclusion d'un adhérent)

• Organisation des responsabilités entre les dirigeants (notamment les limitations et les délégations de pouvoir)

• Procédures propres aux activités (conditions d'accueil des participants, responsabilité des parents, modalités de remboursement des frais des bénévoles)

• Organisation des assemblées

• Fonctionnement financier

# 9

# METTRE FIN À L'ASSOCIATION

Mettre fin à l'association fait quelques fois partie du travail des dirigeants. Les modalités de la dissolution sont en général prévues par les statuts.

Parce que le projet est arrivé à son terme, qu'il s'est essoufflé, qu'il a été submergé par les difficultés financières, il faut mettre fin à l'association, en procédant à la liquidation et la dissolution de la personne morale.

La plupart du temps, on pratique une liquidation amiable de l'association qui correspond à sa dissolution volontaire. Conformément aux statuts, l'AG prend la décision de mettre fin à l'association et décide de sa liquidation. Les dirigeants mettent alors un terme aux activités, expédient les affaires courantes et liquident les biens de l'association. L'actif net et les biens restant après paiement des dettes sont dévolus en général à une autre association dont l'objet est similaire. Pour finir, on fait procéder à la publication de la dissolution.

Une autre voie pour mettre fin à l'association consiste à saisir le juge ; on parle alors de liquidation judiciaire.

Avant d'évoquer ces questions, quelques précautions si vous souhaitez maintenir en sommeil une association ayant cessé ses activités.

## Précautions pour la mise en sommeil

Il n'est pas recommandé de laisser « en vie » une association qui n'a plus d'activités. La mise en sommeil de l'association, qui conduit à différer les formalités de dissolution, ne peut être envisagée que dans des circonstances exceptionnelles, notamment pour les besoins de la liquidation.

En principe, la mise en sommeil devrait résulter d'une décision de l'AG. Si les dirigeants peuvent décider sous leur responsabilité la cessation des activités (pour des raisons de sécurité par exemple ou parce qu'ils constatent que l'objet associatif est éteint), c'est à l'organe souverain de l'association qu'il appartient de prendre la décision de la mise en sommeil.

L'AG fixera une durée maximale pour la mise en sommeil et déterminera dans quelles conditions l'association procèdera à sa liquidation.

Il appartient alors aux dirigeants de prendre toutes les précautions nécessaires pour neutraliser les instruments de paiement et le compte bancaire, le principal risque de la mise en sommeil résidant dans les erreurs ou malversations qui pourraient intervenir sur un plan financier. Les dirigeants veilleront donc à informer leur banquier de la situation et à neutraliser les pouvoirs bancaires.

Pour éviter que des personnes continuent à se prévaloir de l'association, on aura soin d'informer tous les anciens partenaires de l'association (mairie, organismes publics, tutelles, fédération) de la cessation des activités. Quelques fois la mise en sommeil est décidée parce que l'on ne peut pas interrompre un contrat en cours ou bien qu'il reste des dettes et/ou des actifs à solder. Dans ce cas, la tâche des dirigeants se poursuit et ils doivent continuer d'exécuter leur mandat au service de l'association, en procédant à la gestion prudente des affaires.

## Quand faut-il mettre fin à l'association ?

Une association 1901 survivant sans activités peut toujours devenir une source de tracas pour ses anciens dirigeants. On ne saurait donc trop conseiller d'adopter la mise en sommeil que pour une durée limitée. Les responsables préféreront à moment donné réunir l'assemblée pour procéder à la dissolution/liquidation de la personne morale et mettre un terme définitif à leur mandat social.

Certains statuts d'association prévoient un terme, une date fixe, ou bien une durée de vie limitée pour l'association. Une fois le terme atteint, il faut décider de la prolongation de l'association ou de sa dissolution. C'est également le cas pour les associations dont l'objet est réalisé, par exemple les structures créées pour un événement particulier. Dans ces cas, les dirigeants ont l'obligation de déclarer dans les trois mois la nouvelle situation à la Préfecture compétente.

Lorsque l'association a définitivement cessé ses activités et que la communauté associative ne voit plus d'intérêt à son maintien, il est nécessaire d'envisager de mettre fin à la personne morale.

## Décider la dissolution volontaire

La liquidation amiable d'une association n'est en principe pas bien compliquée. Les membres de l'association peuvent à tout moment décider de la dissoudre. Seule l'AG est compétente pour décider d'une dissolution, en l'absence de précisions dans les statuts.

Pour devenir effective, la dissolution volontaire ou automatique d'une association déclarée doit faire l'objet d'une formalité à la Préfecture qui donnera lieu à une publication légale (gratuite). Il faut transmettre les documents suivants :

- Le formulaire CERFA 13972, en téléchargement sur les sites gouvernementaux
- Un exemplaire du procès verbal de la délibération de l'AG
- Un exemplaire des statuts de l'association mis à jour et signé par deux au moins des personnes mentionnées sur la liste des dirigeants la plus récemment transmise à la préfecture.

La redevance forfaitaire pour la publication de la dissolution de votre association est incluse dans le prix acquitté à l'occasion de la publication de sa création.

Selon les cas, la dissolution et la liquidation de la structure peuvent faire l'objet de deux assemblées distinctes. Lors de la seconde assemblée (dite de clôture de liquidation), les dirigeants-liquidateurs présentent le compte de liquidation et obtiennent un quitus pour les actes de gestion auxquels ils ont procédé en tant que liquidateurs.

Ce dispositif à double détente n'est pas requis en droit des associations, mais il présente une certaine utilité pour décharger les liquidateurs de leur responsabilité, lorsque.les opérations de liquidation sont longues et/ou complexes, que les sommes en jeu ne sont pas symboliques ou que les actifs de l'association ont été cédés à des tiers.

Les liquidateurs présenteront dans ce cas à l'assemblée un compte-rendu documenté des opérations de liquidation, dont il leur sera donné quitus.

## Obtenir une dissolution judiciaire

La dissolution de l'association peut également résulter d'une décision de justice. Tout intéressé ayant intérêt à agir peut demander la dissolution d'une association dont l'objet est éteint ou qui n'exerce plus d'activités, la décision reste soumise à l'appréciation des juges.

## Association en cessation de paiement

Après avoir constaté que l'association n'a plus d'avenir économique (demandez éventuellement un avis d'expert pour cela), il faut se résoudre à sa disparition. Si le constat est sans appel et les difficultés insurmontables, rien ne sert de prolonger artificiellement l'existence de l'association. Renoncez aux expédients et autres acrobaties financières : vous risqueriez d'aggraver le passif (en augmentant les dettes) et cela pourrait vous être reproché par la suite.

En tant que dirigeant, votre objectif est alors d'éviter que soit mise en jeu votre responsabilité personnelle. Si votre association a des dettes et qu'elle disparaît sans régler ses créanciers, un juge sera saisi du dossier et il vérifiera que les dirigeants ont correctement fait leur travail.

Renoncez donc à présenter au banquier un plan de redressement irréaliste pour obtenir le crédit de la dernière chance, abstenez-vous de tout montage improbable pour convaincre in extremis un nouveau partenaire financier. Surtout n'injectez pas de deniers personnels dans l'organisme moribond et soyez très prudent si vous décidez de céder des actifs de l'association. Ce genre de décision visant à restaurer la trésorerie suppose un large consensus au niveau de la collectivité associative, idéalement une décision d'AG. Sachez également que tout acte de gestion réalisé peu avant le dépôt de bilan (période suspecte) est susceptible d'être remis en cause par le juge.

En tant que dirigeant d'une structure en cessation de paiement, vous avez l'obligation de saisir rapidement le tribunal pour que celui-ci ouvre une procédure.

Le « dépôt de bilan » de l'association doit donc se faire à l'initiative des dirigeants, auprès du Tribunal de Grande Instance, dans les quarante cinq jours à compter de la constatation de la cessation des paiements. La déclaration de cessation de paiements se fait au moyen du formulaire CERFA 10530 qui est en principe disponible auprès de tous les greffes.

# GLOSSAIRE

**Adhésion :**
Processus au terme duquel une personne remplissant les conditions statutaires devient membre (voir ce mot) de l'association. L'adhésion est plus ou moins formelle ; elle implique en général le versement d'une cotisation (voir ce mot).

**Agrément administratif :**
Reconnaissance d'une association par l'administration au terme d'un examen du fonctionnement associatif. L'obtention d'un agrément procure à l'association différents avantages, notamment en terme d'accès aux subventions.

**Assemblée Générale annuelle ou ordinaire :**
Réunion périodique des membres de l'association pour débattre et voter les principales décisions de gestion. La plupart des statuts prévoient la tenue d'au moins une assemblée par an.

**Assemblée Générale extraordinaire :**
Réunion extraordinaire des membres de l'association

convoquée spécialement pour certains événements ou en dehors de l'assemblée annuelle.

**Association non déclarée (ou association de fait) :**
Association n'ayant pas procédé aux formalités de publication légale et ne disposant pas de ce fait de la personnalité juridique (voir ce mot).

**Bénévole :**
Personne membre de l'association (voir ce mot) mettant gratuitement son temps et/ou ses compétences au service du projet associatif.

**Bureau :**
Organe de direction de l'association réunissant les personnes physiques désignées comme mandataires de l'association et souvent dénommées président, trésorier, secrétaire.

**Conseil d'administration :**
Organe de direction de l'association souvent chargé de désigner les membres du bureau, de définir les grandes lignes de la gestion et d'en contrôler la bonne application.

**Cotisation :**
Versement unique ou annuel, concrétisant la volonté de la personne d'adhérer aux statuts de l'association. Ce versement doit être prévu par les statuts.

**Dirigeant :**
Personne physique mandataire de l'association et chargée de l'administrer et de la représenter.

**Dissolution :**
Disparition de l'association sur décision de l'assemblée ou décision de justice.

**Emargement :**
Signature sur une liste de participants attestant la présence de la personne à une réunion.

**Gestion désintéressée :**
Absence de rémunération par l'association des personnes ayant en charge sa direction effective.

**Incident de séance (Révocation des dirigeants sur) :**
Procédure de révocation des dirigeants avant l'arrivée du terme de leur mandat pendant l'AG, suite à la révélation de faits justifiant le retrait par l'assemblée de sa confiance aux dirigeants

**Intérêt général (association dite d') :**
Au sens fiscal du terme, l'association d'intérêt général est celle qui répond aux exigences de l'article 200 du CGI. Au sens juridique du terme, l'intérêt général est défini par la jurisprudence ainsi qu'une loi du 22 mars 2012 exigeant un fonctionnement ouvert, démocratique et transparent ainsi qu'une gestion désintéressée.

**Liquidation :**
La liquidation de l'association consiste à vendre ses actifs (patrimoine) et à régler ses dettes, préalablement à la dissolution (voir ce mot) de la structure juridique.

**Membre (également adhérent ou sociétaire) :**
Personne ayant adhéré aux statuts de l'association, éventuellement acquitté une cotisation, et participant à la vie institutionnelle de l'association.

**Numéro SIREN:**
Ce numéro unique est attribué par l'INSEE à tout organisme lors de sa création. Il comporte neuf chiffres et sert de base pour l'inscription au Registre du Commerce et des Sociétés (RCS), pour le numéro d'inscription au Répertoire des Métiers (RM) et pour le numéro d'opérateur sur le marché intracommunautaire (TVA).

**Numéro SIRET :**
Construit sur le numéro SIREN, le numéro SIRET comporte douze chiffres et identifie un établissement de l'organisme (localisation géographique différente du siège).

**Numéro Waldeck :**
Ce numéro, qui comporte neuf chiffres et commence toujours par un W, est attribué par la Préfecture lors de la création de l'association ou d'une formalité déclarative. Il figure sur tous les récépissés délivrés par la Préfecture et sert d'identifiant unique au Répertoire National des Associations (voir ce mot).

**Ordre du jour :**
Liste des questions qui seront abordées lors d'une réunion (AG ou conseil d'administration), avec pour

chaque question le texte des résolutions qui seront soumises au vote des participants.

**Personnalité juridique (acquisition de la) :**
Conséquence de la publication légale de la création de l'association, l'acquisition de la personnalité juridique permet à l'association de devenir sujet de droit et de disposer de son propre patrimoine.

**Procédure collective :**
Procédure judiciaire applicable aux associations en cessation de paiement (voir ce mot), conduite par le TGI (voir ce mot).

**Procès-verbal :**
Document rédigé qui retrace le déroulement d'une réunion (AG ou conseil d'administration) et indique pour chaque point de l'ordre du jour (voir ce mot) la décision (ou le vote) des participants. Le procès-verbal est signé pour être authentifié.

**Procuration (ou mandat, pouvoir) :**
Acte juridique par lequel une personne (par exemple le dirigeant) délègue tout ou partie de ses pouvoirs à une autre (bénévole ou salarié, par exemple).

**Quitus (de gestion) :**
Décharge de responsabilité donnée par l'AG aux dirigeants à propos de la gestion passée de l'association.

**Quorum :**
Quantité (en valeur absolue ou relative) de personnes

devant participer au vote pour que celui-ci engage valablement l'AG (voir ce mot).

**Récépissé :**
Document délivré par la Préfecture attestant qu'une formalité obligatoire a bien été effectuée par l'association.

**Registre spécial :**
Registre désormais facultatif comportant la mention manuscrite des changements effectués dans les statuts ou la liste des personnes chargées d'administrer l'association.

**Répertoire National des Associations :**
Répertoire recensant toutes les associations françaises sur la base de leur numéro Waldeck (voir ce mot). Le RNA est accessible uniquement à l'administration.

**Répertoire SIRENE :**
Répertoire informatisé tenu par les Directions Régionales de l'INSEE, auquel doivent obligatoirement s'inscrire les associations employeurs, assujetties à des obligations fiscales ou bénéficiaires de fonds publics.

**Résolution :**
Texte bref figurant dans l'ordre du jour (voir ce mot) énonçant une décision de l'AG (voir ce mot) et soumis au vote des membres (voir ce mot).

**Sommeil (mise en) :**
Cessation des activités associatives sans procéder aux formalités de dissolution (voir ce mot).

**Subvention :**
Contribution financière facultative et discrétionnaire des pouvoirs publics aux projets de l'association.

**TGI (Tribunal de Grande Instance) :**
Tribunal de l'ordre judiciaire compétent pour tous les litiges et contentieux relatifs à l'association.

**Utilité publique (association reconnue d') :**
Agrément administratif particulier délivré par le Ministère de l'Intérieur aux associations de dimension nationale ayant vocation à devenir interlocuteurs des pouvoirs publics dans leur domaine de compétence.

# FICHE DE POSTE DES DIRIGEANTS ASSOCIATIFS

Cette description des postes correspond à une répartition des tâches entre dirigeants qui est habituelle dans le monde associatif mais ne repose sur aucune base légale ; elle n'a donc pas de caractère obligatoire et ne s'impose pas, à défaut d'être prévue dans les statuts ou le règlement intérieur.

## LE PRESIDENT

Le Président représente l'Association dans tous les actes de la vie civile ; il est investi de tout pouvoir à cet effet. Il a notamment qualité pour agir en justice au nom de l'Association, en demande comme en défense, pour ouvrir, faire fonctionner et clôturer tous comptes bancaires.

Il convoque et préside les organes de l'association

(bureau, conseil d'administration et assemblée générale) et organise leurs travaux. Il rend compte de la gestion de l'association en présentant en assemblée générale un rapport sur la situation de l'association et les activités de l'exercice écoulé.

Il exerce les prérogatives de l'employeur telles que définies par le Code du Travail, lorsque l'association emploie des salariés.

## LE TRESORIER

Le Trésorier est chargé de la gestion financière et budgétaire de l'association.

Il s'assure de l'encaissement des recettes et de la perception des sommes dues à l'association, tant par les adhérents que par les tiers. Il procède au règlement des dépenses et au remboursement des frais exposés par les membres pour le compte de l'association.

Il tient ou fait tenir une comptabilité régulière et conforme aux règles de l'art. Il établit ou fait établir les comptes annuels et les documents financiers prévus par les statuts ou la règlementation. Il rend compte de la gestion financière de l'association en présentant en assemblée générale un rapport sur la situation économique de l'association et son évolution au cours de l'exercice écoulé.

Conjointement avec le secrétaire, il veille au respect par

l'association de ses obligations en matière de transparence financière.

## LE SECRETAIRE

Le Secrétaire est chargé du secrétariat administratif de l'association.

Il tient à jour la liste des membres adhérents de l'association et assure leur convocation aux assemblées générales. Il établit les procès-verbaux des délibérations des organes de l'association (bureau, conseil d'administration et assemblée générale) et en assure l'archivage dans les registres associatifs.

Il assure l'exécution des formalités obligatoires auprès de la préfecture. Conjointement avec le trésorier, il veille au respect par l'association de ses obligations en matière de transparence financière.

## L'ADMINISTRATEUR DELEGUE

Les organes de l'Association peuvent mandater l'un des administrateurs (ou un bénévole) pour accomplir une mission précise, par exemple, animer et coordonner un certain chantier associatif ou bien un groupe de travail. La définition de la mission, sa durée, les moyens mis à disposition, les résultats attendus font l'objet d'un acte écrit qui précise de quelle manière l'administrateur délégué rend compte de sa mission.

# LE REVISEUR DES COMPTES

Les organes de l'Association (le plus souvent l'assemblée générale) peuvent désigner l'un des membres (de préférence n'appartenant pas à l'équipe dirigeante) pour effectuer un contrôle et un suivi des comptes, le cas échéant de l'exécution du budget.

Le réviseur des comptes rend compte de sa mission à l'assemblée générale.

# MODÈLES DE RÉSOLUTIONS (ASSEMBLÉE GÉNÉRALE)

**Préambule**

Le président salue l'assistance et les membres d'honneur, remercie les participants de s'être déplacés et rappelle que l'ordre du jour est le suivant : (Rappel ordre du jour). A l'issue de cet ordre du jour, un moment sera consacré aux questions diverses, sans toutefois que ces questions puissent faire l'objet d'un vote engageant l'association.

**Convocation, quorum**

L'assemblée donne acte aux dirigeants de la régularité de sa convocation ; les membres ayant pu accéder aux documents et rapports conformément aux conditions prévues aux statuts.

Après dépouillement de la feuille d'émargement et des pouvoirs, l'assemblée est en état de délibérer (précisez éventuellement : à titre ordinaire ou extraordinaire)

## Déroulement de l'AG

Le président rappelle que toutes les résolutions présentées relèvent de l'assemblée générale ordinaire et d'un vote à la majorité simple (ou précisez : et les résolutions X et Y de l'assemblée générale extraordinaire requérant le quorum de ... et un vote ....).

L'assemblée décide de désigner en plus de son bureau un (ou plusieurs) secrétaire(s) de séance, chargé(s) d'établir le procès-verbal de la séance, un (ou plusieurs) scrutateur(s) chargé d'effectuer le décompte des votes pendant la séance. Le président rappelle que les votes se font à main levée. L'anonymat peut être requis par l'assemblée à la majorité simple ; il est de droit pour l'élection des dirigeants.

### Assemblée constitutive

Après avoir entendu un rappel du contexte de la création de l'association .... et pris connaissance du projet de statuts en date du ....., l'assemblée constitutive décide d'adopter ces statuts (éventuellement et leur préambule) et de procéder à la désignation de ses premiers dirigeants/administrateurs.

L'assemblée donne tous pouvoirs à Messieurs/Mesdames .... dirigeants fondateurs pour effectuer les formalités requises par la loi en vue de la déclaration de l'association.

### Approbation des comptes

*Les débats porteront sur les aspects suivants : rappel des fonda-*
*mentaux économiques et financiers de l'association, examen des*
*recettes et des charges de l'année passée, analyse de la gestion et*
*équilibre d'exploitation, situation patrimoniale et endettement,*
*solvabilité et trésorerie, chantiers subventionnés...*

Après avoir entendu le rapport de gestion et en avoir délibéré, l'assemblée donne acte aux dirigeants de la sincérité
des comptes, de leur régularité et constate que le résultat de l'exercice est bien un (précisez « excédent/insuffi-
sance ») de ..... euros. Elle donne plein et entier quitus
aux dirigeants de leur gestion des deniers de l'association
pour l'exercice........ (ou sous réserves).

**Affectation du résultat**
Après avoir constaté un (précisez : excédent/insuffisance)
de ....euros au titre de l'exercice ...., l'assemblée décide de
l'affecter (précisez selon le cas) :
– Au report à nouveau, à hauteur de........euros (précisez le cas échéant)
– Au fonds associatif, à hauteur de........euros (précisez
le cas échéant)
– A un compte de réserve désigné...., à hauteur de
........euros (précisez le cas échéant)
– ...

**Approbation des rapports**

Après avoir entendu le rapport (précisez : conseil administration, bureau, commissaire aux comptes) et en avoir
délibéré, l'assemblée approuve ledit rapport et donne qui-

tus aux (précisez : conseil administration, bureau, commissaire aux comptes) de leur gestion pour l'exercice …..

## Election des dirigeants

Constatant que les mandats de Monsieur/Madame …., précisez) sont arrivés à leur terme, l'assemblée constate la nécessité de pourvoir à leur remplacement et décide d'entendre les candidats. Le président rappelle que l'accès aux fonctions d'administrateur/dirigeant est réservé (rappelez les dispositions statutaires). Il donne ensuite la parole aux candidats.

Après avoir entendu les candidats aux fonctions de …, l'assemblée procède à l'élection de manière anonyme (précisez ici pour chaque candidat le résultat du vote, pour, contre, abstention)

## Revocation des dirigeant (Incident de séance)

L'assemblée constatant que les éléments révélés par ses débats ne lui permettent plus de maintenir sa confiance aux dirigeants en poste, décide de leur révocation. En vue de pourvoir à leur remplacement, l'assemblée décide qu'elle tiendra une nouvelle réunion le …………, à ………… Elle charge expressément les dirigeants de procéder sans délai à la convocation de cette assemblée dans les formes prescrites par les statuts. Les fonctions des dirigeants révoqués cesseront à compter de la date de tenue de cette assemblée.

## Sanctions et exclusion

*Les débats feront le rappel du contexte et l'énoncé des griefs contre l'adhérent, les sanctions déjà prises. Les sanctions seront appuyées sur les dispositions statutaires relatives à la discipline des adhérents.*

Après avoir entendu le rapport spécial des dirigeants et l'intéressé présenter sa défense, l'assemblée générale a constatée par ses débats que les griefs faits à l'intéressé sont légitimes et que l'intéressé a été en mesure de faire valoir sa défense. En conséquence, l'assemblée décide d'adopter/confirmer la sanction suivante à l'encontre de l'intéressé, (présisez laquelle) conformément aux dispositions des statuts (du RI) en matière de discipline. La décision sera notifiée à l'intéressé par le bureau de l'association.

**Banque et Crédit**

Après en avoir délibéré, l'assemblée autorise le bureau/ conseil d'administration à ouvrir un compte bancaire auprès de l'agence .... de la banque ....., pour y effectuer sous sa signature et celle de ses mandataires toutes opérations, tant au débit qu'au crédit.

Après en avoir délibéré, l'assemblée autorise le bureau/ conseil d'administration à solliciter un crédit de ..... euros, sur une période de ...., pour un taux maximal de .% et donner en garantie (précisez)

Après en avoir délibéré, l'assemblée autorise le bureau/ conseil d'administration à ouvrir tous comptes et souscrire tous instruments financiers en vue de rémunérer la trésorerie de l'association, tout en garantissant la sécurité maximale pour les fonds associatifs.

## Contrat de travail

Après avoir entendu le rapport de gestion et en avoir délibéré, l'assemblée autorise le bureau/conseil d'administration à conclure un contrat de travail à durée (précisez) de ........heures mensuelles, pour un coût mensuel charges comprises de ........, concernant un poste de ...... L'assemblée prend acte que le salarié n'étant pas dirigeant, cette rémunération n'est pas susceptible de modifier le régime fiscal de l'association.

## Rémunération d'un dirigeant

Après avoir entendu le rapport de gestion et en avoir délibéré, l'assemblée décide de rémunérer les fonctions de ......... à hauteur d'un coût mensuel charges comprises de ........ pour une durée de ....... années. L'assemblée prend acte que la rémunération versée au dirigeant bénéficie d'une tolérance fiscale (indiquez laquelle) et qu'elle n'est donc pas susceptible de modifier le régime fiscal de l'association (ou « la rémunération versée au dirigeant ne bénéficiant d'aucune tolérance fiscale, elle entraîne l'assujettissement de l'association aux impôts commerciaux »).

## Partenariats publics et privés

Après avoir entendu le rapport spécial et en avoir délibéré, l'assemblée autorise le bureau/conseil d'administration à solliciter de ...............une subvention au titre de l'année ..........à hauteur de ..........euros (précisez éventuellement, « pour le chantier ..........»).

Après avoir entendu le rapport spécial, pris connaissance de la convention et en avoir délibéré, l'assemblée autorise le bureau/conseil d'administration à conclure avec l'entreprise .......................une convention de partenariat/mécénat pour une durée maximale de .... et un montant prévisionnel de ........

### Demande de mandat en dehors de l'objet associatif

*Après une présentation du chantier ou du projet envisagé et le rappel de l'objet associatif, les débats porteront sur les motifs qui conduisent les dirigeants à solliciter une extension de leur mandat et les termes de ce mandat spécial.*

Après avoir entendu le rapport de gestion et en avoir délibéré, l'assemblée donne mandat spécial au bureau/conseil d'administration pour initier et conduire le projet (précisez). Les dirigeants rendront compte de l'avancement de ce projet lors de la prochaine assemblée générale.

### Convocation d'une assemblée extraordinaire

*Après avoir rappelé le contexte associatif et les motifs justifiant la convocation en AG extraordinaire, les débats porteront sur l'ordre du jour et les modalités de déroulement de cette assemblée générale extraordinaire.*

L'assemblée constatant sa volonté de (précisez) décide se réunir à cette fin pour statuer à titre extraordinaire, conformément aux dispositions des statuts. L'assemblée décide qu'elle tiendra une nouvelle réunion le .............., à ............ Elle charge expressément les dirigeants de procéder aux formalités de convocation conformément aux dispositions statutaires.

**Convocation d'une Assemblée en vue d'une modification statutaire**

*Après avoir rappelé le contexte associatif et les motifs justifiant la convocation en AG extraordinaire, les débats porteront sur l'ordre du jour et les modalités de déroulement de cette assemblée générale extraordinaire.*

L'assemblée constatant sa volonté de (précisez) décide se réunir à cette fin pour statuer à titre extraordinaire, conformément aux dispositions des statuts. L'assemblée décide qu'elle tiendra une nouvelle réunion le .............., à ............ Elle charge expressément les dirigeants de procéder aux formalités de convocation conformément aux dispositions statutaires.

**Arrivée du terme de l'association**

*Après constaté l'arrivée du terme ou l'extinction de l'objet, les débats porteront sur la poursuite éventuelle de l'activité ou le prolongement de l'existence de l'association.*

L'assemblée constatant l'arrivée du terme/l'extinction de l'objet associatif décide conformément aux dispositions statutaires de procéder à sa dissolution. (ou « de poursuivre ses activités »). Elle charge expressément les dirigeants de procéder aux formalités nécessaires à la dissolution et la liquidation de l'association/poursuite de l'activité.

**Assemblée prononçant la dissolution**

L'assemblée constatant que la poursuite des activités associatives est devenue impossible, décide conformément aux dispositions statutaires de procéder à sa dissolution. Elle désigne comme liquidateurs amiables Monsieur/Madame...... et les charge expressément de liquider les actifs de l'association, de régler ses dettes et d'une manière générale de procéder à toute formalité requise en vue de la dissolution et la liquidation de l'association.